REVUE TRIMESTRIELLE

DE

DROIT CIVIL

COMITÉ DE DIRECTION :

A. ESMEIN
Membre de l'Institut,
Professeur à la Faculté de droit
de l'Université de Paris ;

CH. MASSIGLI
Professeur à la Faculté de droit
de l'Université de Paris ;

R. SALEILLES
Professeur à la Faculté de droit
de l'Université de Paris ;

ALBERT WAHL
Professeur à la Faculté de droit
de l'Université de Paris,
Doyen honoraire de la Faculté de droit
de l'Université de Lille.

EXTRAIT

DE LA NATURE JURIDIQUE
DES
« CONTRATS D'ADHÉSION »
Par M. Georges DEREUX
*Docteur en droit (sciences juridiques
et sciences économiques)
Juge suppléant au tribunal civil de Meaux.*

LIBRAIRIE
DE LA SOCIÉTÉ DU
RECUEIL SIREY
22, rue Soufflot, PARIS, 5e arrond.
L. LAROSE & L. TENIN, Directeurs

1910

D E

LA NATURE JURIDIQUE

DES « CONTRATS D'ADHESION »

Par M. Georges Dereux,

Docteur en droit (sciences juridiques et sciences économiques)
Juge suppléant au tribunal civil de Meaux.

———

Lorsque les auteurs du Code civil français rédigèrent le titre « *Des contrats ou des obligations conventionnelles en général* », ils avaient principalement en vue des actes juridiques dont toutes les clauses seraient pesées, discutées et, au moment de la mise en vigueur de l'acte, acceptées et voulues par les parties. La convention devait ainsi résulter d'une sorte de collaboration de deux où plusieurs personnes, et les divers collaborateurs prendraient une part sensiblement égale à l'œuvre commune.

Mais, à bien des égards, la société s'est transformée dans le cours du xixe siècle. A côté de la petite boutique où l'on peut débattre son marché, il y a les grands magasins, les puissantes sociétés aux administrations savamment compliquées et hiérarchisées. Là vous ne voyez même pas la personne juridique avec qui vous traitez, mais seulement des employés qui se bornent à répéter ce qu'on les a chargés de dire ; dès lors, impossible de discuter avec eux, autant vaudrait discuter avec des phonographes. Dans ces administrations tout s'exécute automatiquement : alors comment y aurait-il une collaboration possible entre elles et

R. Dr. Civ. — IX.   34

leurs clients pour conclure les actes juridiques qui contiendront des engagements communs ? On vous offre un tarif accompagné de clauses ou de formules imprimées à l'avance : vainement vous objecteriez leur complexité ou leur obscurité ; on vous les présente comme un bloc à prendre ou à laisser. Souvent vous le prenez, c'est-à-dire vous « adhérez » à l'ensemble de la convention. Et ainsi naissent des actes qu'il est difficile, peut-être même impossible, de faire rentrer dans les cadres du Code civil. — Ce sont précisément ces actes dont nous voudrions, dans la présente étude, déterminer la nature.

Mais tout d'abord, comment les appellerons-nous ? — Depuis que M. Saleilles, dans un passage souvent cité d'un livre bien connu [1], a tout particulièrement attiré l'attention sur eux, on les désigne souvent sous le nom de « contrats d'adhésion ». A notre avis (cette première observation est d'ailleurs peu importante) peut-être voudrait-il mieux dire : « contrats *par* adhésion ». Certes, si l'autre appellation était ancienne, nous nous inclinerions devant l'usage,

« Quem penes arbitrium est, et jus et norma loquendi ».

Mais en une matière si neuve, l'autorité de l'usage ne peut guère être invoquée. Or en disant « contrat d'adhésion », on a l'air de viser une certaine convention particulière qui serait l'*adhésion*, et pourrait être mise sur le même pied que le contrat *de* vente, le contrat *de* louage, et les autres. En fait on veut désigner une convention réalisée *par* la simple adhésion d'une personne à une offre dont elle n'a pu discuter les termes. Nous dirons donc dans cette étude « contrat *par* adhésion », comme nous disons « testament *par* acte notarié » ou « commencement de preuve *par* écrit [2] ».

Mais, observeront certains auteurs, au lieu de s'attaquer à une inoffensive préposition, il y a mieux à dire contre

(1) Saleilles, *De la déclaration de volonté*, 1901, pp. 229 et 230.
(2) V. en ce sens le Bulletin bibliographique du Sirey, 1905, p. 30. col. 2.

l'expression que vous critiquez : ce qu'on appelle « contrats d'adhésion », ce ne sont même pas des contrats. ' — Et nous retrouvons ainsi la question que nous nous sommes proposé de traiter : quelle est la véritable nature juridique de ces actes ? La théorie traditionnelle leur attribue une nature contractuelle, et l'on peut même dire qu'elle n'admet pas le moindre doute à cet égard. — Dans une étude antérieure nous nous sommes également efforcé d'appliquer en cette matière les règles du Code civil sur les contrats [1]; il nous a paru, à vrai dire, que cela n'allait pas sans difficulté, et qu'il y avait là de quoi attirer l'attention des jurisconsultes; mais nous n'avons pas rompu avec le principe même de la théorie classique. — Au contraire les auteurs auxquels nous avons tout à l'heure fait allusion rejettent ce principe; et les prétendus contrats que nous venons de dire ne sont, à leurs yeux, que des actes unilatéraux. C'est la volonté de l'offrant, et non celle de l'adhérent qui leur donne l'existence et c'est elle en principe, elle seule, qui doit déterminer leurs effets. Le fait très simple et presque tout matériel de l'adhésion donnée à ces actes par un tiers ne suffit pas à changer leur nature.

Telle est notamment l'opinion mise en avant par M. Saleilles dans le passage auquel nous avons déjà fait allusion : dans les contrats par adhésion, « il y a, dit-il, *la prédominance exclusive d'une seule volonté, agissant comme volonté unilatérale*, qui dicte sa loi non plus à un individu, mais à une collectivité indéterminée, et qui s'engage déjà, par avance, unilatéralement, sauf adhésion de ceux qui voudront accepter la loi du contrat » [2]. — Telle est aussi l'opinion de M. Duguit [3] — Enfin M. Hauriou, dans une savante note du Recueil Sirey, où il étudie cette question, critique

(1) Dereux, *De l'interprétation des actes juridiques privés*, 1905, pp. 153 et suiv.

(2) *Op. cit.*, p. 229. M. Saleilles y dit aussi que ces contrats n'ont de contrat que le nom. — V. dans le même sens Dollat, *Les contrats d'adhésion*, pp. 133 et suiv. (Paris, 1905).

(3) « Peut-on parler raisonnablement, dit-il, d'un contrat de louage de service entre l'employeur puissant capitaliste, et l'ouvrier?... De contrat, il n'y en a point ». Duguit, *L'Etat, le droit objectif et la loi positive*, p. 55.

notre propre théorie, qu'il trouve trop contractuelle,
« furieusement contractuelle » dit-il même ; pour lui « les
actes d'adhésion n'ont de contractuel que le nom... L'opération se décompose en l'émission d'une volonté réglementaire à laquelle une autre volonté vient adhérer. *C'est la
volonté réglementaire seule qui compte au point de vue de
l'interprétation. C'est elle seule aussi qui compte au point
de vue de la compétence du juge et au point de.vue de la
nature des recours qui peuvent être intentés* [1] ».

Comme on le voit par ces derniers mots, notre question
est loin de n'avoir qu'un intérêt académique. Son intérêt
pratique apparaîtra sans cesse au cours de notre étude ;
bornons-nous pour l'instant à donner une sorte d'illustra-
tion concrète de l'assertion de M. Hauriou : dans un procès
que le Conseil d'État a récemment jugé, il s'agissait d'interpréter un certain acte par adhésion du 16 juillet 1897,
réglant les conditions auxquelles sera soumise la Compagnie concessionnaire du service postal maritime entre Le
Havre et New-York. Devant le Conseil d'État, le ministre
se fondant sur des habitudes administratives traditionnel-
les en matière de transport maritime, prétendait calculer
certaines primes (prévues par l'acte) suivant un mode manifestement défavorable à la compagnie concessionnaire.
Si l'acte de 1897 devait être considéré comme un acte unilatéral de l'Administration, simplement mis en vigueur
par l'adhésion de la Compagnie transatlantique, la thèse
du ministre était admissible. Mais le Conseil d'État a considéré cet acte comme un véritable contrat : dans son arrêt
il place sur le même pied la volonté de la Compagnie
transatlantique et celle de l'Administration, estime qu'un
contractant ne peut pas imposer ses habitudes particulières
à l'autre partie qui les ignore, et en conséquence annule
la décision de l'Administration [2].

(1) Note de M. Hauriou, S. 1908. 3. 19 (col. 1 et 3).
(2) S. 1909. 3. 137: M. Hauriou, dans la note qu'il consacre à cet arrêt,
estime que la question à résoudre était en définitive celle « de l'interprétation objective ou de l'interprétation subjective ». Tel n'est point notre sentiment :
en effet, admet-on que le Conseil d'Etat devait tenir compte également des

Cet exemple — et l'on devine sans peine que nous en pourrions citer maint autre — donne un aperçu de l'intérêt pratique de notre question. Que faut-il donc préférer? La *thèse contractuelle* (qu'on nous permette cette locution abréviative), ou la *thèse anticontractuelle* ? Pour en juger nous allons examiner les arguments qu'on peut faire valoir en faveur de chacune d'elles.

I

Théorie contractuelle (ou théorie classique).

La théorie classique n'admet pas que les actes par adhésion échappent aux règles générales qui gouvernent les contrats. Ils naissent d'une double volonté, celle de l'offrant et celle de l'adhérent (l'adhésion n'étant qu'un mode particulier d'acceptation)¹; et leur effet juridique est déterminé également par les deux volontés qui y ont collaboré. Dans les « contrats d'adhésion », il n'y a de nouveau que leur nom. — Les principales considérations qui peuvent militer en faveur de cette théorie classique sont les suivantes.

Tout d'abord, si l'on veut qu'il existe une catégorie d'actes juridiques restant en dehors du Code civil, on devrait tout au moins la définir, indiquer à l'aide de quel critérium on la distingue. Or, à cet égard, les promoteurs de la théorie nouvelle donnent bien peu d'explications! Ils semblent disposés à considérer comme des actes par adhé-

déclarations des deux parties? Alors l'interprétation subjective le conduisait tout aussi bien que l'interprétation objective à statuer comme il l'a fait (on ne pouvait en effet attribuer à la Compagnie ni une volonté interne ni une déclaration de volonté conforme aux prétentions de l'Administration) : — admet-on au contraire que le Conseil d'Etat devait tenir compte seulement de la déclaration de volonté de l'Administration? Alors l'interprétation objective le conduisait, tout comme l'interprétation subjective, à repousser les prétentions de la Compagnie. En effet, même d'après la théorie objective, la déclaration de volonté unilatérale « ne consiste pas seulement dans les termes qui l'expriment, mais dans tout le milieu des circonstances ambiantes d'où elle est issue et auxquelles elle se rattache » (Saleilles, *La déclaration de volonté*, p. 220 ; — Eltzbacher, *Die Handlungsfähigkeit*, 1903, p. 140). La déclaration de volonté unilatérale de l'Administration, ainsi interprétée par le juge, devait faire donner raison à l'Administration.

sion tous les contrats « qui revêtent comme un caractère
de loi collective (1) ». C'est du moins la seule formule un
peu précise que ces jurisconsultes aient employée. Mais
celle-là même est-elle d'une précision suffisante ? On voudrait soustraire aux règles communes un nombre considérable d'actes juridiques, et quand vous demandez lesquels
échapperont ainsi au droit commun, on vous répond simplement : « Ceux qui revêtent comme un caractère de loi
collective », et l'on cite quelques exemples : le contrat de
travail dans la grande industrie, et celui de transport par
chemin de fer. Réponse bien vague en vérité, et dont les
praticiens surtout ne sauraient se contenter.

Tâchons cependant de comprendre cette formule ; elle
conduit, semble-t-il, à voir un contrat par adhésion chaque
fois qu'il y a une offre adressée non pas à un individu
déterminé, mais, d'une manière générale, à quiconque
voudra l'accepter ; une telle offre en effet, étant faite au
public, présente bien le caractère d'une sorte de loi qui
s'appliquera à tous ceux qui y auront adhéré, autrement
dit d'une « loi collective ». Mais alors cette notion que l'on
veut introduire dans le droit ne prend-elle pas une extension bien considérable ? A l'étalage d'un grand magasin de
confections je remarque un vêtement dont le prix m'est
indiqué par une étiquette, et j'en fais l'emplette. N'est-ce
point un contrat par adhésion ? A la devanture d'un libraire
j'aperçois un ouvrage, et je l'achète pour le prix marqué ;
n'est-ce point encore un contrat par adhésion ? Et tous les
magasins, toutes les boutiques que je rencontre ne m'of-
frent-ils pas des contrats par adhésion ? Une marchande des
quatre-saisons pousse sa voiture en criant tel légume à tel
prix ; la cuisinière qui l'accoste ne passera-t-elle pas — sans
le savoir — un contrat par adhésion ? Et ne faut-il pas en
définitive appliquer cette même dénomination à tous les
contrats formés *intuitu rei*, puisque en de tels marchés, l'offrant n'a point égard à la personne de l'acceptant, mais se
déclare disposé à traiter avec quiconque acceptera son offre ?

(1) V. Saleilles, *op. cit.*, p. 230.

N'y a-t-il point toujours là adhésion à une sorte de « loi collective » ?

Cherchera-t-on à restreindre la notion nouvelle, en exigeant, pour qu'il y ait contrat par adhésion, un grand nombre de clauses? Mais combien de clauses faudra-t-il alors? Et d'ailleurs comment le nombre des clauses d'un contrat suffirait-il à modifier sa nature, et à rendre unilatéral un acte qui, s'il était plus court, serait bilatéral ? D'ailleurs aucun auteur n'indique expressément que l'acte par adhésion doive nécessairement être long.

En définitive la notion qu'on voudrait introduire dans le droit (celle d'actes par adhésion, échappant aux règles des contrats) ne paraît guère avoir été précisée par ses défenseurs, et si l'on cherche à suppléer à leur silence, on est conduit à donner à cette notion une telle extension qu'elle suffit presque à la condamner. Car comment croire que les auteurs du Code civil aient laissé hors de leurs prévisions la majorité des actes juridiques privés? Comment soutenir qu'ils ignoraient les offres faites au public, ou qu'ils n'avaient point l'idée des contrats formés *intuitu rei?*

Ce n'est pas seulement le Code civil que heurte la conception nouvelle, c'est aussi le sens commun ; car dans le public tout le monde est unanime à considérer l'assurance, l'achat d'un billet de chemin de fer ou de théâtre, ou de n'importe quel article offert par un magasin, comme des contrats.

Le Code civil se trompe, dira-t-on, et le sens commun aussi. — Mais il faudrait le prouver. Et d'ailleurs si l'on arrivait à faire sortir des cadres du Code civil toute cette catégorie, du reste mal définie, mais certainement très considérable, des « actes par adhésion », quel sera le résultat pratique? C'est qu'une grande partie du droit se trouvera n'être plus codifiée; et alors quel ne sera pas l'embarras des tribunaux, privés de leur guide ordinaire, la loi? Quel ne sera pas celui des hommes d'affaires, qui ne sauront plus sur quelles décisions judiciaires ils pourront compter? Et où trouvera-t-on des principes directeurs capables de rallier la majorité des juristes, quand on aura mis de côté le Code et le sens commun ?

En réalité les actes par adhésion sont des contrats ; et pour en donner une preuve directe, considérons successivement la manière dont ils naissent et leurs effets juridiques.

Comment naissent-ils tout d'abord ? Ils présupposent nécessairement une commune volonté de deux ou plusieurs personnes. Peut-on en effet leur accorder l'existence avant le moment où s'est produite l'adhésion ? N'en déplaise à une école nouvelle, ni la logique, ni le Code civil ne le permettent ; le droit ou l'obligation sont un rapport entre deux ou plusieurs personnes ; et l'on ne comprendrait pas qu'un simple particulier pût, par sa seule volonté, faire naître un tel rapport. « Res inter alios acta aliis neque nocere ne que prodesse potest », dit un vieil adage, et les raisons qui le justifient font également qu'une personne ne peut, sans l'assentiment d'une autre, ni s'obliger envers elle, ni l'obliger envers soi.

Au surplus, tout le monde reconnaît que, pour la mise en vigueur des actes que nous étudions, l'adhésion d'un tiers est nécessaire. N'est-ce pas la meilleure preuve qu'ils ne naissent pas d'une volonté unilatérale ? Si une telle volonté suffisait à leur existence, pourquoi resterait-elle sans effet tant qu'une autre ne s'est pas manifestée dans le même sens ? Pour un acte juridique, n'est-ce pas la même chose qu'être inefficace ou que n'être pas ?

— Considérons maintenant les effets des actes par adhésion. Que l'adhérent soit obligé dans la mesure où il a accepté de l'être, cela est tout naturel ; ce n'est qu'une application normale de la théorie des contrats. Si donc la doctrine nouvelle prétend avoir quelque portée pratique, elle doit aller plus loin, et affirmer que l'adhérent est soumis à plus d'obligations qu'il n'a entendu en assumer, et que, sur certains points, la volonté de l'offrant suffit à le lier. Mais une telle assertion est-elle admissible ?

La puissance publique seule a le droit d'édicter des règles qui s'imposent aux tiers sans leur assentiment ; méconnaissant ce principe primordial de nos institutions, la doctrine ici discutée aboutit à donner le pouvoir réglementaire aux simples particuliers. M. Hauriou, d'ailleurs, le reconnaît à peu près expressément : « Les actes d'adhésion, dit-il dans la note précitée, sont des adhésions à des actes *de nature réglementaire* » [1]. Quant à dire comment pourra vivre une société où les simples particuliers (assureurs, patrons, ou autres) auront le pouvoir réglementaire, on n'a garde de le faire, et nous ne nous chargeons pas de l'expliquer. Donner la puissance publique à tout le monde, n'est-ce pas la détruire?

En définitive, quant à ses effets, la théorie nouvelle est acculée à une sorte de dilemme : admet-on que le résultat de l'acte juridique par adhésion soit déterminé par la commune volonté des parties sur tous les points où cette commune volonté aura existé, et, sur les autres points, par l'équité, l'usage ou la loi? Alors on se trouve traiter les actes par adhésion exactement comme des contrats : on leur applique tout simplement les règles des articles 1134 et 1135 du Code civil, et l'on se trouve bon gré mal gré en pleine théorie classique. Veut-on au contraire écarter ces règles de bon sens? Alors il faut dire qu'on ne doit pas avoir égard à la commune volonté des parties, ni, à son défaut, à l'équité, à l'usage, ni à la loi. Mais quel jurisconsulte, quelque goût qu'il ait pour la nouveauté, osera soutenir de tels paradoxes ?

La vérité est que tous les actes par adhésion du droit privé, et, en droit administratif, tous les actes de gestion (par opposition aux actes de puissance publique) sont régis par les principes du Code civil sur les obligations conventionnelles.

La jurisprudence est très ferme en ce sens : pour elle ces principes ne font même pas question. On peut ouvrir n'importe quel grand recueil d'arrêts, on y trouvera une foule de décisions relatives au « contrat » d'assurance, au « contrat » de travail, au « contrat » de transport par chemin de fer. Ces décisions sont fondées sur la « commune intention »

____

(1) S. 1908. 3. 19, col. 3 de la note.

des parties contractantes[1] et les magistrats ne font même
pas à la théorie nouvelle l'honneur.de la réfuter, ou seulement de la mentionner. N'est-ce pas là la preuve qu'elle
ne répond pas à un besoin pratique bien pressant?

La conclusion à laquelle sont ainsi conduits les partisans
du système classique, c'est que la théorie nouvelle est inu-
tile, peut-être même dangereuse. Si elle aboutissait jamais
à un résultat pratique, ce serait d'attribuer un effet juridique à la volonté unilatérale des grandes administrations
publiques ou privées, de leur donner un véritable pouvoir
réglementaire; comme si les simples particuliers n'étaient
pas déjà bien faibles en face d'elles! Entre un bureaucrate
et un autre homme, la lutte n'est généralement pas égale,
et l'on voudrait en quelque sorte affirmer officiellement et
sanctionner cette inégalité! Gardons-nous en bien : il y a
mieux à faire que de constater un mal et d'en tirer toutes
les conséquences logiques, comme certains médecins qui
se bornent à peu près à diagnostiquer les maladies ; imitons
de préférence ceux qui acceptent la lutte contre le mal, et
parfois en triomphent.

II

Théorie anticontractuelle.

La thèse anticontractuelle, qui est la thèse nouvelle, consiste, on l'a vu, à dire : le prétendu contrat par adhésion
est en réalité un acte unilatéral; seulement, il ne produit
d'effets qu'en faveur ou au détriment de ceux qui y auront
adhéré. Cette adhésion est d'ailleurs bien loin de changer
sa nature et de le rendre bilatéral : lorsque, sur une voie
ferrée, un train s'ébranle au coup de sifflet du chef,
dira-t-on que le mouvement imprimé à cette masse énorme
résulte d'une collaboration de la machine à vapeur et du

---

(1) Pour ne citer qu'un type d'exemples entre autres, il a été jugé maintes
fois que les règlements d'atelier sont obligatoires pour les ouvriers seulement
lorsqu'ils ont été suffisamment portés à leur connaissance (V. notamment en
ce sens Cass. civ., 15 janv. 1906, S. 1906. 1. 278).

sifflet? Évidemment non : le sifflet n'a donné qu'un signal, et c'est la machine seule qui a produit le mouvement du train, qui a déterminé sa direction et réglé son allure. De même, dans les actes que nous considérons, l'adhésion n'est que le coup de sifflet, je veux dire le signal à partir duquel l'acte entrera en vigueur. — Voulez-vous une comparaison d'ordre plus juridique? Les lois, on le sait, ne sont exécutoires qu'après une promulgation du Président de la République; dira-t-on cependant que ce sont des actes bilatéraux, qu'ils supposent une collaboration du Parlement et du chef de l'État? Non certes; la promulgation une fois faite, on l'oublie en quelque sorte; elle était nécessaire et cependant demeure accessoire; et pour déterminer les effets de la loi, on n'a égard qu'à l'œuvre du Parlement : aucune juridiction administrative ne pourra l'annuler; ce seront les tribunaux judiciaires qui seront compétents pour l'interpréter; et l'interprète ne devra pas rechercher la volonté du chef de l'État qui a promulgué la loi, mais seulement celle du Parlement qui l'a faite.

De même l'acte par adhésion est l'œuvre exclusive de celui qui l'offre au public. Pour qu'il entre en vigueur, il faut qu'il soit l'objet d'une adhésion, libre et consciente comme la promulgation d'une loi; mais, dès que la validité de l'adhésion n'est pas contestée, le jurisconsulte peut en quelque sorte l'oublier; elle était nécessaire et cependant demeure accessoire, et les effets de l'acte seront déterminés par la volonté et la personnalité de son seul véritable auteur.

Telle est la thèse; voici maintenant les arguments à l'appui :

La notion de contrat, remarquons-le d'abord, « suppose l'égalité de situation de ceux qui contractent » (1). Le Code civil a pris soin de prohiber nombre de conventions, ou de clauses contractuelles qui présupposeraient une trop grande inégalité entre les parties : telle, en matière de société, la clause qui donnerait à l'un des associés la totalité

(1) Duguit, *op. cit.*, p. 298.

des bénéfices, ou qui affranchirait de toute contribution aux pertes les sommes ou effets mis dans le fonds social par un des associés (art. 1855); tel encore, en matière de gage, le « pacte commissoire », qui mettrait à la merci de son créancier un débiteur aux abois (art. 2078). Et le droit de rescision pour lésion de plus des sept douzièmes dans les ventes d'immeubles, et la prohibition de toute convention contraire, quel est leur motif, sinon de mettre obstacle à des contrats dans lesquels la situation des parties serait inégale?

Or, cela posé, combien n'est-elle pas inégale, cette situation respective des parties dans les prétendus contrats par adhésion ! D'un côté, nous voyons de simples particuliers, souvent peu entendus aux affaires, souvent besoigneux, parfois illettrés, — et de l'autre, des compagnies d'assurances ayant à leur service les plus habiles avocats, et des capitaux de plusieurs millions, ou encore des patrons possesseurs de grandes usines, et dirigeant de véritables armées d'ouvriers et tout un monde de machines, ou encore de puissantes compagnies de chemin de fer dont le budget égale celui de certain États, ou enfin l'État lui-même, c'est-à-dire le pouvoir souverain, la source de tout le droit positif, ce pouvoir tel qu'on se demande si vraiment il saurait jamais être limité par la volonté d'un particulier, et si, au fond, la notion même d'un contrat passé avec l'État n'est pas contradictoire [1]. — Et c'est entre ces deux groupes de personnes juridiques, entre lesquelles n'existe aucune égalité, ni même aucune commune mesure, qu'on admettrait la possibilité d'un contrat!

Contestera-t-on la nécessité d'une certaine égalité entre contractants? Du moins on doit reconnaître que le contrat suppose essentiellement des volontés vraiment dignes de ce nom, c'est-à-dire conscientes et libres. Or, les règlements d'atelier par exemple sont-ils acceptés sciemment et librement par l'ouvrier? M. Hubert Valleroux, partisan de la théorie traditionnelle, dit à leur sujet : « Rédigés par le

---

(1) Cpr. Duguit, *op. cit.*, p. 364.

chef d'industrie, qui, *parfois*, et *à titre absolument gra-
cieux et spontané,* consulte son personnel, ils sont impri-
més et affichés dans l'atelier, et chaque ouvrier est *présumé,
par le fait de son entrée, les avoir acceptés.* C'est par cette
acceptation tacite que se forme le contrat (1) ». Ainsi voilà
un ouvrier qui consent à entrer dans une usine; il n'a
pas encore lu le règlement affiché dans l'atelier, il n'a
peut-être même pas été averti de son existence, et, une
fois entré, il n'a certes pas eu le loisir d'aller lire les nombreuses affiches qui s'offraient à ses yeux; cependant, pour
que la théorie contractuelle puisse rester debout, il faut
présumer que cet ouvrier a voulu sciemment et librement
tout le contenu du règlement! Le patron a pu s'y réserver
le droit de prononcer souverainement des amendes équi-
valentes à 15 ou 20 jours de travail (2), même pour des
fautes minimes (3), ou de ne payer l'ouvrier qu'à des dates
très espacées (4); l'ouvrier qui n'en a rien su sera censé
l'avoir voulu! Étrange volonté, qui s'ignore elle-même, et
dont s'étonnerait tout le premier celui qu'on « présume »
l'avoir eue!

Mais, dira-t-on peut-être, ces fausses présomptions que
vous reprochez à la doctrine classique, elle les repousse
elle-même : car elle reconnaît aux juges du fait le pouvoir
de décider, le cas échéant, que l'ouvrier n'avait pas eu
connaissance du règlement d'atelier, et que par suite il
échappe à son application (5). Nous répondrons que ce
correctif est vain; car si les juges du fait voulaient réellement en tenir compte, ils aboutiraient à cette conséquence
incompatible avec les besoins de la pratique, qu'il ne faudrait presque jamais appliquer les règlements d'atelier.
En effet, nous l'avons dit, au moment où un ouvrier est
embauché, il n'a presque jamais lu ni pu lire le règle-

(1) *Revue d'économie politique,* 1901, p. 891.
(2) Cailleux, *La question des règlements d'atelier en France, Revue d'é-
conomie politique,* 1901, p. 891.
(3) *Ibid.,* pp. 898-899.
(4) *Ibid.,* p. 900. — La loi du 7 décembre 1909, dans son art. 2, vient de
tâcher d'obvier à cet abus.
(5) V. en ce sens par exemple, Cass. civ., 15 juin 1906, S. 1906. 1. 278.

ment [1]. Certes, il peut le lire ensuite ; mais alors il est trop tard : le contrat a été antérieurement formé, et il n'est déjà plus possible de lui ajouter de nouvelles clauses que par un nouveau contrat. Or dira-t-on que le passage, même fréquent, de l'ouvrier devant une affiche qu'il n'est pas obligé de lire suffit à constituer ce nouveau contrat, ce nouvel échange des consentements? Ce serait une fiction inadmissible; et pourtant si on ne l'admet pas, la validité des règlements d'atelier ne peut plus reposer sur la volonté du patron et de l'ouvrier. En d'autres termes, la théorie classique vous accule ou bien à reconnaître comme existant un contrat purement fictif, ou bien à méconnaître les besoins de la pratique.

On peut raisonner de même à propos de divers autres actes par adhésion : demandons-nous par exemple quel est l'effet des clauses imprimées sur les billets délivrés aux passagers par les Compagnies de transport maritime. Les tribunaux, sous l'influence de la doctrine classique, avaient d'abord admis que ces clauses ne sont pas opposables aux passagers, car ceux-ci n'ont pas la possibilité matérielle de les lire au moment où ils prennent leur billet [2]. Mais les besoins de la pratique devaient fatalement amener un changement de jurisprudence, et il est maintenant admis que, « hors les cas de dol ou de fraude, l'acceptation par le passager du billet (sur lequel est inscrite une stipulation) implique acceptation de la stipulation elle-même [3] ». Cette jurisprudence est bonne en soi. Mais comment la rattacher sans fiction à la doctrine classique? Comment admettre — ainsi que l'exige la théorie traditionnelle — que notre passager ait sciemment et librement voulu le contenu de la clause imprimée sur son billet? N'oublions pas comment les choses se passent dans la réa-

---

(1) Cela est vrai même lorsque le patron prend la précaution de faire signer à l'ouvrier un exemplaire du règlement d'atelier au moment où il l'embauche; cet exemplaire est généralement signé dans des conditions telles que l'ouvrier n'en peut matériellement pas faire une lecture préalable.

(2) V. par exemple, Douai, 17 mars 1847, S. 47, 2. 207.

(3) V. par exemple, Cass. civ., 16 mars 1896, *Pand. franç.*, 1897. 1. 40.

lité : une série de personnes font queue à un guichet; vous demandez une place de telle classe pour telle destination ; l'employé vous indique le prix, et c'est seulement après avoir tendu votre argent que vous recevez le billet. Avez-vous alors la possibilité d'examiner tout son contenu et d'en peser les conséquences juridiques, pour le rendre à l'employé, si vous y trouvez une clause inadmissible ? Mais, au moment même où vous le preniez, le voyageur qui suivait a déjà fait sa demande et est venu occuper le devant du guichet. Prétendrez-vous obstinément lui barrer le passage jusqu'à complet examen de votre billet ? Alors tous ceux qui viennent après, et qui craindraient de manquer leur bateau, vont vous interpeller en termes plus ou moins polis, et absorberont votre attention ; en même temps vous subirez une pression de plus en plus vigoureuse qui vous écartera invinciblement du guichet. J'admets cependant que vous soyez doué d'une patience inlassable, d'une force herculéenne, et que vous résistiez à ces assauts. Mais voici un agent de police ou un gendarme qui s'approche, et, devant les réclamations unanimes des autres voyageurs et de l'employé, vous oblige à circuler. Et quand même vous pourriez, grâce à votre obstination, lire les clauses imprimées du billet sans quitter le devant du guichet, quel en sera le résultat ? Si ces stipulations vous paraissent raisonnables, vous risquez d'être actionné en dommages-intérêts par les voyageurs à qui vous aurez fait manquer leur bateau, ou par la Compagnie dont vous aurez gêné les opérations ; — si au contraire ces stipulations vous paraissent inadmissibles, l'employé refusera de reprendre le billet, et il aura raison ; car du moment que vous êtes d'accord avec la Compagnie sur le transport à effectuer, et sur le prix, l'acte juridique existe valablement et ce n'est pas un simple désaccord sur des clauses accessoires qui peut permettre de l'annuler. — Conclusion : il est pratiquement impossible, dans le cas en question, de considérer le voyageur comme ayant vraiment accepté les stipulations imprimées sur son billet de place, et la jurisprudence, d'ailleurs, bonne en soi, qui décide qu'elles lui

sont opposables, ne peut pas trouver sa justification dans
la théorie des contrats, mais seulement dans une autre
théorie, qui est précisément celle de l'acte unilatéral par
adhésion.

Autre exemple encore : comment croire que, en général,
un assuré accepte sciemment et librement tout le contenu de sa police d'assurance, ces longues pages imprimées en caractères minuscules, et d'un style difficile
à comprendre, ces obligations imposées en si grand nombre qu'il est presque impossible de les respecter entièrement, et toutes ces clauses de déchéance qui mettent sans
cesse l'assuré à la discrétion de l'autre partie, si bien que
les assureurs eux-mêmes n'osent pas toujours se prévaloir.
des droits qu'ils se sont réservés, de peur de décourager
absolument le public[1] !

Quant au transport par chemin de fer, il appelle une
observation particulière : ici la libre discussion du prétendu contrat entre la compagnie et son client ne se heurte
plus seulement à une impossibilité *matérielle*, mais même
à une impossibilité *juridique* [2]. Les tarifs homologués ont
en effet force de loi ; en vain la Compagnie et son client
seraient d'accord pour renoncer à certaines de leurs clauses ; celles-ci demeureront partie intégrante de l'acte
passé : elles s'appliqueront sans la volonté, et même contre
la volonté des intéressés. Et l'on viendrait nous parler de
contrat !

---

[1] Pour plus de détails, V. Guionin, *Les causes de déchéance dans les
polices d'assurance contre l'incendie,* 1905 ; — V. aussi le compte rendu de la
séance de la *Société d'études législatives* du 25 mai 1905 (*Bulletin de la Société,*
n° 6) ; — V. également notre étude, *De l'interprétation des actes juridiques
privés,* 1905, pp. 168 à 174 et 187 à 197.

[2] Relativement au transport par chemin de fer, l'art. 453 du Code de commerce allemand semble consacrer assez nettement la théorie de l'acte unilatéral par adhésion ; nous y lisons en effet :

« Un chemin de fer servant au public pour le transport des marchandises
ne peut refuser d'entreprendre les transports à une station située dans l'Em-
pire d'Allemagne et organisée pour le transport des marchandises à la condition que

1° L'expéditeur se soumette aux conditions de transport et aux mesures
générales *ordonnées par le chemin de fer* ».

Les mêmes considérations seraient à mettre en avant pour les tarifs postaux, pour les marchés de travaux publics, et plus généralement pour tous les actes dans lesquels les droits respectifs de l'État (ou de n'importe quelle autre personne juridique) et du public sont déterminés à l'avance par des lois ou des règlements. Ces lois et règlements s'incorporent à la prétendue convention d'une manière indissoluble, et lui impriment le caractère d'acte de puissance publique, par conséquent d'acte unilatéral.

— D'ailleurs, poursuivent les partisans de la théorie anticontractuelle, il ne faut pas crier à la tyrannie; si les patrons dans la grande industrie, ou les compagnies d'assurance, ou les services publics, ne consentent pas à débattre séparément avec chaque personne les clauses des actes qu'ils ont offert à tout le monde, c'est que la chose est impossible. Mettez à la tête d'une grande manufacture un philanthrope décidé à discuter avec tous ses ouvriers pris un à un, le détail du règlement d'atelier, et à faire autant de règlements distincts qu'il trouvera de prétentions diverses; ce philanthrope, ayant ainsi livré l'atelier à l'anarchie, ira droit à la faillite et — avec les meilleures intentions du monde — mettra sur le pavé cette foule d'ouvriers qu'il devait conduire, et n'a fait que suivre. — De même l'assurance est un acte qui suppose essentiellement un grand nombre de personnes soumises au même risque; imaginons une police rédigée seulement en vue d'un individu déterminé (une police, par exemple, où l'on tiendrait compte de certaines manies particulières à cet individu); sans doute, alors, nous serons bien en présence d'un contrat, mais ce ne sera plus une assurance, ce sera un vulgaire pari. La véritable assurance est fondée sur la statistique, sur la loi des grands nombres; elle doit donc fouler aux pieds les volontés individuelles, et être un acte unilatéral de l'assureur ou ne pas être.

Et de même, comment l'État, devant réglementer des entreprises d'utilité publique, ou des services publics tels que les chemins de fer ou les postes, pourrait-il avoir égard à toutes les volontés individuelles qu'intéressent ces règle-

ments? Comment pourrait-il faire des *règlements con-
tractuels*, alors qu'on ne saurait accoller ces deux mots l'un
à l'autre sans une contradiction flagrante, puisque le propre
du contrat est de varier suivant les espèces, et le propre du
règlement de rester immuable? Vouloir astreindre la puissance publique à prendre en considération non seulement
l'intérêt de la collectivité, mais encore les prétentions particulières de chaque citoyen, autant vaudrait en vérité demander à un promeneur, au bord de la mer, de distinguer
le mouvement propre à chacune des innombrables goutte-
lettes dont l'ensemble forme la vague qui déferle à ses
pieds.

Mais admettons même qu'il soit matériellement possible
à l'État de s'assurer toujours du plein et entier consente-
ment des particuliers adhérant à ses offres. Même alors
est-il certain que le juge devrait mettre sur le même pied
la volonté d'un individu et l'intérêt public? Par exemple
la volonté d'un fonctionnaire et celle de l'État qui l'emploie?
Peut-on appliquer ici les principes du Code civil? Y aura-
t-il, le cas échéant, une commune mesure entre les exigences de la sécurité ou de la salubrité publique, et l'intérêt pécuniaire d'un agent de l'Administration? Ce n'est
guère admissible. Personne n'est contraint d'être fonctionnaire ; accepte-t-on de l'être, on se soumet par là même à
toutes les obligations que l'intérêt public commande d'imposer aux fonctionnaires. Peu importe qu'en se liant à l'État
on les ait mal comprises.

D'ailleurs, prenons les choses d'un peu plus haut : la doctrine que critiquent les partisans du système nouveau n'est-
elle pas proche parente de la vieille théorie du « contrat
social » et n'est-il pas assez peu logique de conserver l'une
quand presque tout le monde est d'accord pour abandonner
l'autre(1)? Autrefois on admettait assez communément que
l'individu vivant en société accepte implicitement toutes
les règles qui gouvernent son milieu social, bien qu'il les

______

(1) V. cependant Heins, *La notion de l'État*, Rev. d'économie politique,
1901, p. 879.

connaisse très imparfaitement; alors il était logique de considérer aussi l'ouvrier qui travaille dans une usine comme acceptant implicitement le règlement d'atelier. Mais on ne soutient plus guère aujourd'hui la théorie du « contrat » social : elle repose, dit-on, sur une fiction. Et l'on a raison. Seulement alors pourquoi conserver la fiction du « contrat » par adhésion? Les deux questions se touchent; que dis-je, elles n'en font qu'une. L'individu qui, volontairement, acquiert ou conserve la nationalité française, donne par là même son *adhésion* à la loi française. S'il y a des contrats par adhésion, le « contrat social » en est un, le plus important de tous. Écarter d'un côté la fiction des anciens auteurs, la conserver d'un autre, c'est au moins une incohérence; n'est-ce pas même une contradiction?

D'où vient donc la résistance à laquelle se heurte souvent la théorie nouvelle de l'acte unilatéral par adhésion ? De ce que la doctrine traditionnelle s'obstine à nier la valeur juridique des promesses et des stipulations unilatérales. Elle affirme qu'un droit ou une obligation suppose nécessairement deux personnes; et cela serait vrai assurément, si l'on entendait simplement par là qu'un Robinson Crusoé, avant l'arrivée d'un Vendredi, ne pourrait être ni créancier ni débiteur. Mais on va plus loin : on n'admet pas qu'un acte juridique puisse exister comme tel, tant que les personnes (deux au moins) dont il règle les rapports ne sont pas déterminées; et voilà ce qui est excessif. Savigny, tirant de ce principe toutes ses conséquences logiques, en a montré, sans le vouloir, l'extrême étroitesse : parlant de cette opération si utile qu'est l'émission de titres au porteur, « plusieurs auteurs, dit-il, la déclarent valable; d'autres au contraire, *et des plus autorisés,* la tiennent pour nulle; et moi-même, d'après la règle établie ci-dessus (à savoir qu'on ne peut s'engager envers un tiers indéterminé), je dois pareillement *me prononcer pour la nullité.* Ni la pratique de la jurisprudence, ni l'intérêt des affaires, si considérable qu'il soit, ne peuvent certainement faire déclarer valable, à un point de vue abstrait, cette opéra-

tion [1]. Comme le dit M. Tarde après avoir cité ce passage :
« Quand on voit un juriste de cette envergure réduit à de
telles extrémités par sa logique même, on n'a plus de doute
sur l'insuffisance des principes qui l'y ont conduit » [2]. Il
n'est nullement incompréhensible qu'on soit obligé envers
une personne qui n'est pas encore déterminée, mais doit
l'être plus tard ; et si les auteurs du Code civil ne semblent
pas avoir prévu expressément de tels engagements, on ne
voit pas qu'ils les aient prohibés.

Il faut donc laisser de côté les scrupules qui empêchent
certains juristes d'admettre la valeur d'engagements unilatéraux. Mais quand même ils auraient raison, qu'en ré-
sulterait-il? Que l'acte par adhésion n'existerait pas avant
l'adhésion. Soit. Mais après l'adhésion, il existe bien certainement ; et l'on peut fort bien soutenir que l'adhésion a
été une condition nécessaire à sa validité, mais ne lui a pas
enlevé son caractère unilatéral. Affirmer que, en notre
matière, l'offre ne produira d'effets juridiques qu'après
acceptation, mais que l'effet juridique sera entièrement déterminé par les termes de l'offre et la personnalité de
l'offrant, c'est soutenir une thèse qui n'a rien de contradictoire, et qui met d'accord la théorie précitée de Savigny (et
des jurisconsultes classiques) avec la théorie nouvelle de
l'acte par adhésion.

Mais, objecte-t-on encore, sur les points où l'offrant
et l'adhérent ont manifesté une volonté commune, cette
volonté doit sans aucun doute être respectée, et sur les
autres points, le juge doit incontestablement statuer d'après
l'équité, l'usage ou la loi ; en d'autres termes, les principes fondamentaux de la théorie des contrats s'appliquent
nécessairement aux actes par adhésion ; et alors, pourquoi
distinguer? — Pourquoi? Parce que les actes par adhésion
présentent une foule de difficultés qui ne peuvent être ré-

(1) *Système du droit romain actuel*, t. II, p. 250 de la traduction française.
(2) Tarde, *Transformation du droit*, éd. de 1900, p. 118. — On sait
que cette question de la validité de l'engagement unilatéral a été appro-
fondie surtout par M. René Worms dans sa thèse sur *La volonté unilatérale considérée comme source d'obligation* (Giard, 1891).

solues par aucun des principes à l'instant rappelés : ni par
la recherche d'une commune volonté, ni par la seule équité,
ni par l'usage, ni par la loi. Considérons par exemple
la clause des polices d'assurance qui oblige les souscrip-
teurs à déclarer toute assurance conclue antérieurement
à propos des mêmes risques; elle a donné lieu à nombre de procès. Or, comment le juge devait-il statuer? D'a-
près la commune volonté des parties? Mais la plupart du
temps l'assuré n'avait pas fait attention à cette clause; —
D'après l'équité? Mais si la clause en question n'est pas
contraire à l'équité, on ne saurait dire non plus qu'elle soit
dictée par elle; — D'après la loi? Mais la loi est muette
sur ce point; — D'après l'usage? Mais il n'y a pas, en cette
matière, d'usage ayant force de loi. La vérité est que les tribunaux ont dû, plus ou moins inconsciemment, résoudre
ces difficultés en interprétant la volonté unilatérale de
l'offrant; ils ont combiné le contenu de cette volonté unilatérale avec les exigences de l'équité, et se sont ainsi livrés
à une opération que n'a pas prévue le Code civil, mais
qu'imposaient les besoins de la pratique.

Que si l'on est tenté de trouver bien hardie cette trans-
gression des principes gouvernant les obligations conventionnelles, on fera bien de se rappeler certaines autres
théories communément admises, et cependant tout aussi
contraires aux règles classiques, par exemple la théorie de
l'inopposabilité des exceptions au porteur d'un titre à ordre.
Les laborieux efforts que l'on a faits pour rattacher cette
inopposabilité à une commune volonté des intéressés sont
demeurés infructueux, et les auteurs les plus éminents
en arrivent à convenir qu'elle est dictée par les besoins de
la pratique, par l'utilité sociale (1). C'est également l'utilité
sociale qui, dans les actes par adhésion, permet à une volonté unilatérale de produire un effet bilatéral.

Reste l'objection tirée de ce que la notion d'acte par
adhésion a de peu défini. Certes la doctrine anticontrac-

(1) Lyon-Caen et Renault, *Traité de droit commercial*, t. IV, p. 104,
éd. 1901. — Cpr. dans le même sens : Pichon, *De l'inopposabilité des exceptions au porteur d'un titre à ordre*, p. 106.

tuelle, comme toute doctrine nouvelle, a besoin d'être peu à peu élaborée, précisée par les auteurs et la jurisprudence. Mais peut-on dès à présent la condamner? On le peut d'autant moins que, dans les sciences morales, on arrive rarement à donner aux concepts dont on se sert une parfaite netteté. En ces matières, la pensée humaine est bien obligée de se contenter de clartés quelque peu vacillantes, sous peine de rester dans une complète obscurité. Que resterait-il du droit, si l'on en bannissait toutes les notions qui prêtent à la controverse?

Pour terminer l'exposé de la thèse anticontractuelle, parlons de la jurisprudence. Certes, au premier abord, elle paraît fermement attachée à la théorie classique. On peut même dire qu'elle n'en connaît point d'autre. Et cependant, comment expliquer nombre de ses décisions, sinon comme des applications inconscientes de la théorie nouvelle? Combien n'y a-t-il pas de jugements qu'on ne pourrait sans fiction fonder sur les articles 1134 et 1135 du Code civil? Par exemple, certaines décisions considèrent l'acheteur d'un billet de théâtre comme lié par des clauses imprimées au dos du billet et qu'il n'a pas pu lire au moment de l'achat [1] — d'autres permettent aux compagnies de chemins de fer d'échapper à toute responsabilité contractuelle pour fausses indications données par leurs agents sur les tarifs [2] (et pourtant ces tarifs ne sont l'objet d'aucune publicité véritablement officielle) [3]; — d'autres

---

(1) Trib. comm. de la Seine, 19 avr. 1900, *Le Droit*, 28 mai 1900.

(2) V. par exemple Cass., 2 févr. 1885, Lamé-Fleury, *Code annoté des chemins de fer*, 1905, p. 347; — 25 mars 1885, S. 86. 1. 78; — 26 janv. 1898, D. 1900. 1. 80; — 10 nov. 1903, *Recueil de la Gazette des Tribunaux*, 1904, 1er sem., 1. 116, etc.

(3) Nous croyons l'avoir prouvé dans notre étude *De la nature juridique des tarifs de chemins de fer*, p. 136 et suiv. Nous y disions en effet qu'*il n'y a pas de publication des tarifs à laquelle le public puisse se référer en toute sécurité, et qu'il puisse, le cas échéant, opposer aux compagnies.* Certes les compagnies doivent délivrer aux expéditeurs un récépissé où sont énoncées les principales conditions du contrat passé; mais des énonciations erronées font encourir à la compagnie seulement une condamnation pénale (Cass. crim., 31 juill. 1857, *Bull. cass. crim.*, 292); de condamnation civile, point (Cass., 1er mars 1905, *Gaz. des Trib.*, 19 avr. 1905) — D'autre part

admettent, nous l'avons vu, que, en principe, on peut se voir opposer, dans les contrats de transport par terre ou par eau, toutes les clauses inscrites sur les billets de place ou les billets de bagage, bien que généralement on n'ait ni le temps matériel ni l'obligation de les lire [1]; — d'autres permettent aux assureurs d'opposer à leurs clients des clauses des polices, dont ceux-ci n'ont manifestement pas compris la rigueur [2], ou qu'ils n'ont même pas pu lire [3]; — enfin que de décisions qui, malgré l'article 1131 alinéa 3, qualifient divers actes par adhésion de « contrats de droit strict », et entendent par là qu'on doit appliquer rigoureusement toutes leurs clauses, sans se demander si elles ont été vraiment voulues par les deux parties! Prétendra-t-on que de telles décisions sont commandées par l'article 1341 du Code civil? On ne le peut pas, puisque la plupart des actes auxquels nous venons de faire allusion sont des actes commerciaux, soustraits comme tels à l'application de cet article. La réalité est que l'application des principes traditionnels rendrait presque tous ces actes impossibles dans la pratique. Or avant de faire du droit pur, il faut vivre. C'est ce qu'ont bien compris les magistrats. Et maintenant il est temps que la théorie nouvelle de l'acte unilatéral par adhésion vienne mettre d'accord la pratique et le droit pur.

la publicité faite conformément à l'article 48 de l'ordonnance du 15 nov. 1846 n'a pas non plus la valeur d'une publicité officielle; elle se fait en partie sous formes d'affiches, en partie sous forme de livrets déposés dans les gares; or la Cour suprême (Ch. civ.) a décidé que les indications de ces livrets (qui sont en fait des livrets Chaix) n'ont « aucun caractère officiel » (26 juin 1893, Lamé-Fleury, *Code annoté des chemins de fer*, p. 123-124). Quant aux affiches, elles émanent également de la librairie Chaix, et il n'y a pas plus de raison pour leur reconnaître un caractère officiel. — Enfin une circulaire ministérielle du 7 janv. 1893 prescrit de publier les tarifs au *Journal officiel*. Mais elle n'a manifestement rien pu changer aux droits respectifs du public et des compagnies, ni à la responsabilité de ces dernières, les circulaires ministérielles n'étant pas opposables aux tiers.

(1) V. la note sous Cass., 8 mai 1907, dans *Pandectes françaises*, 1907. 1. 306.

(2) Paris, 3 mars 1898, *Recueil de la Gaz. des Trib.*, 1898, 2ᵉ sem., 2. 207. Cass., 21 oct. 1891, D. 93. 1. 44. Pour plus de détails, v. Guionin, *op. cit.*, et notre étude précitée sur l'interprétation des actes juridiques, p. 166 et suiv.

(3) V. par exemple Trib. civ. Seine, 3 juin 1899, *Recueil de la Gaz. des Trib.*, 1899, 2ᵉ sem., 2. 425.

III

Quelle opinion nous croyons devoir adopter.

Nous venons de dire par quels solides arguments on peut soutenir d'un côté la doctrine contractuelle et de l'autre la doctrine anticontractuelle de l'acte par adhésion. A notre avis, toutes deux contiennent une part de vérité. Les partisans des deux systèmes, nous semble-t-il, ont raison surtout lorsqu'ils montrent en quoi leurs adversaires ont tort. D'un côté nous croyons avec les juristes de l'ancienne école que la théorie nouvelle donne à de simples particuliers un véritable pouvoir réglementaire vraiment dangereux pour le public, et d'autant plus dangereux que la notion de l'acte par adhésion semble se prêter mal à une définition précise, et menace d'envahir tout le droit civil ; or comment oserions-nous soustraire aux règles du Code toute une catégorie d'actes qu'il paraît impossible de bien déterminer ! — D'un autre côté nous croyons avec les juristes novateurs que la théorie classique, telle qu'on l'applique ordinairement, fait une place beaucoup trop considérable à la fiction, à des présomptions manifestement contraires à toute vraisemblance. — Mais, s'il en va de la sorte, si chacune des doctrine opposées présente un vice radical, quelle opinion pouvons-nous adopter ?

Nous avons tâché, il y a quelques années, d'esquisser une théorie qui échappât aux objections que nous venons de dire. Et, sans doute, nous sentons bien qu'il est quelque peu présompteux de prétendre avoir découvert la vérité en une matière aussi délicate. Nous connaissons d'ailleurs les critiques que, dans le Recueil Sirey, un éminent jurisconsulte, M. Hauriou, a dirigées contre notre opinion ; nous en reparlerons tout à l'heure, et elles sont assurément de nature à nous faire réfléchir. Cependant, tout bien considéré, nous croyons pouvoir conserver cette opinion première; nous allons en conséquence la rappeler et la défendre.

Seulement, qu'on nous permette une observation préliminaire; ce que nous avons cherché à résoudre, c'est purement et simplement *une question de droit privé*. Notre théorie a exclusivement pour but de résoudre des litiges *entre administrations privées et simples particuliers*, et nous laissons entièrement de côté la question des rapports entre les simples particuliers et les administrations publiques. Si l'on estime qu'il y ait dans le droit administratif des actes, notamment ceux que nombre d'auteurs appellent les *actes de gestion*, auxquels les règles du droit privé soient applicables, on devra naturellement les soumettre, comme les actes privés, aux règles que nous allons exposer. Mais, quant à nous, nous n'entendons aucunement préjuger la grave question de savoir dans quelle mesure les principes du droit privé peuvent ainsi pénétrer dans le droit administratif; c'est là une question qui sortirait du cadre de cette étude, et même de cette revue, et que nous abandonnons aux lumières des spécialistes du droit administratif.

Cela posé, la doctrine que nous croyons juste est en principe contractuelle. Mais, à la différence des auteurs classiques, nous nous efforçons d'éliminer de cette matière toute fiction, et de ne tenir compte que des volontés *réelles* des parties. Nous sommes ainsi conduit à considérer dans les contrats par adhésion deux sortes de clauses : les clauses essentielles, qui sont généralement verbales ou manuscrites, et les clauses accessoires, qui sont généralement imprimées. La plupart du temps, les deux parties acceptent sciemment et librement les clauses essentielles. Quant aux autres, l'adhérent connaît ou comprend mal leur teneur, et la portée qu'elles peuvent avoir si on les prend à la lettre; il les considère comme destinées simplement à préciser ou à compléter les obligations résultant des clauses à lui présentées comme principales, et non comme devant, d'une manière détournée, dénaturer ou modifier gravement l'essence du contrat.

Par suite, à notre avis, les clauses accessoires ne doivent produire d'effet juridique contre l'adhérent que si elles ont pour résultat de *préciser ou de compléter les clauses essen-*

tielles, mais non si elles viennent métamorphoser subrepticement l'essence du contrat. Car elles n'ont été acceptées par l'adhérent qu'avec cette restriction tacite. Admettre qu'une stipulation présentée au public comme accessoire, puisse dans une large mesure rendre illusoire l'acte passé, ce serait violer tout à la fois une véritable condition tacite du contrat, et le principe même du respect de la bonne foi (art. 1134, al. 3).

Mais, va-t-on dire, ne faut-il pas respecter les règles des articles 1341 et 1353 du Code civil : *il n'est reçu aucune preuve par témoins ni par présomptions contre et outre le contenu aux actes?* — Sans nul doute. Seulement la plupart des contrats par adhésion sont commerciaux, au moins relativement à l'offrant, et comme tels échappent à l'application de ces règles (art. 1341, al. 2). Et même il faut aller plus loin : dans tous les cas les magistrats ont un pouvoir discrétionnaire d'interprétation, lorsqu'ils constatent une contradiction, même simplement virtuelle, entre deux groupes de clauses d'un contrat (art. 1156 et 1161, C. civ.). C'est sur ce principe incontestable que repose toute notre théorie.

Quant à ses conséquences pratiques, nous noterons principalement les deux suivantes :

1° Si, contrairement à ce que peuvent faire croire les clauses essentielles du contrat, des clauses accessoires imposent à l'adhérent des obligations telles qu'un homme honnête et vigilant ait peu de chances de les bien exécuter, ces obligations devront être réduites : autrement on ferait tomber l'adhérent dans un véritable piège. Par exemple, nous avons vu une police d'assurance qui, valable en principe pour dix ans, obligeait l'assuré à dénoncer le contrat *plus de six mois avant l'expiration de la dixième année* : faute de quoi il serait engagé pour dix nouvelles années. Le résultat d'une pareille clause, c'est que l'assuré qui se croit obligé seulement pour une période décennale l'est presque fatalement pour une période double. En effet, au bout de neuf ans, il n'aura généralement plus qu'un souvenir très vague des clauses imprimées de sa police ; il attendra que le contrat présent touche à son terme pour se demander s'il doit le renouveler ; or, à ce moment, il sera trop tard : le piège tendu aura réussi [1]. — A notre avis, le juge ne doit pas admettre une pareille supercherie ; il ne doit pas admettre qu'une clause présentée comme accessoire puisse dénaturer absolument l'effet d'une clause essentielle du contrat ; et il décidera sagement en tenant pour valable une résiliation survenue au moment de l'expiration des dix premières années.

2° Nous déduisons aussi de notre théorie que les clauses pénales inscrites parmi les dispositions accessoires des contrats par adhésion doivent, conformément aux apparences, avoir uniquement pour but *réel* d'assurer l'exécution des obligations spécifiées dans la convention, et de dédommager l'administration offrante du préjudice que lui causerait leur inexécution. Mais lorsqu'une clause pénale, par son extrême rigueur, apparaît comme ayant principalement un autre but, comme étant surtout un biais destiné à changer subrepticement la physionomie du contrat (par exemple à réduire considérablement le salaire promis à un ouvrier, ou à supprimer dans une large mesure la responsabilité normale d'un assureur), le tribunal doit pouvoir atténuer la rigueur de cette clause et la ramener aux proportions permises par la bonne foi. Bien rigoureux, à notre avis, est l'arrêt de cassation qui a permis à un patron de condamner à 10 francs d'amende une ouvrière coupable d'être entrée à l'usine en sabots [2], et bien rigoureux aussi

---

(1) Il est déjà bien moins rigoureux de stipuler simplement que l'assuré devra avertir la Compagnie avant l'expiration du premier contrat, s'il n'entend pas le renouveler. Voici pourtant en quels termes la justice de paix de Bordeaux a apprécié cette dernière clause beaucoup plus bénigne : « Attendu que, *quelque exorbitante ou regrettable* que soit une clause semblable écrite en petits caractères d'imprimerie, et le plus souvent inaperçue de l'assuré, elle doit être considérée comme ayant été connue et acceptée par ceux qui ont signé la police ; — Que, si sévèrement que doive être apprécié ce moyen de donner aux polices d'assurance une durée plus longue, le tribunal est obligé d'admettre que la police est renouvelée pour une période égale à la première période convenue... » (Justice de Paix, Bordeaux, 14 juin 1904, *Gazette des Tribunaux*, 16 septembre 1904).

(2) Cass. civ., 14 février 1866, S. 1866. 1. 194.

cet autre arrêt d'après lequel la connaissance qu'un assureur aurait eue, en fait, d'une nouvelle assurance contractée par son client, ne saurait relever l'assuré de la déchéance encourue par lui pour défaut de déclaration de co-assurance, lorsque le contrat lui imposait l'obligation de faire mentionner sa déclaration « dans la police ou par avenant » [1].

A notre avis, dans ces deux espèces on n'était pas en présence de clauses pénales proprement dites, répondant à la définition de l'article 1226 du Code civil, mais plutôt de clauses qui, tout en étant présentées par la partie offrante comme accessoires, se sont trouvées, par la rigueur avec laquelle on les appliquait, modifier complètement l'essence de la convention passée; en d'autres termes on était en présence de véritables pièges tendus par une des parties à l'autre, et les magistrats, selon nous, n'auraient pas dû se prêter à de pareilles manœuvres, ni sanctionner les prétentions déloyales du patron ni de l'assureur : l'article 1134, al. 3 du Code civil, leur ordonnait, dans la première espèce, de réduire l'amende à un chiffre en rapport avec le préjudice réellement éprouvé par le patron; et dans la deuxième espèce, ils devaient déclarer l'assureur responsable du sinistre survenu, puisque, ayant été informé de la deuxième assurance contractée par son client, il n'avait pas cru devoir (avant le sinistre) résilier le contrat passé; ayant conservé le bénéfice de la convention, il devait en supporter la charge.

On le voit, suivant nous, les actes par adhésion sont bien des contrats, et leurs effets doivent être déterminés par la *commune* volonté des parties; mais, à cause de cela même, il faut respecter la hiérarchie qui, dans la déclaration de volonté des contractants, existe entre les diverses clauses d'un contrat. Le respect de l'esprit des clauses essentielles doit dominer tout. C'est faute de s'en être bien rendu compte que la jurisprudence a trop souvent fait produire

[1] Cass., 17 janvier 1888, *Pandectes françaises*, 1888. 1. 95.

aux actes par adhésion des effets iniques, a soulevé des pro-
testations dans le public, et suscité dans la doctrine l'é-
closion de théories nouvelles.

Et cependant il ne faudrait pas croire que la jurisprudence méconnaisse absolument les principes que nous avons
défendus. Certes, nombre d'arrêts affirment que, en matière
d'assurance, les clauses imprimées de la police ont la même
force obligatoire que les clauses manuscrites[1]. Mais il
existe aussi maintes décisions affirmant que « *les tribunaux peuvent refuser de donner effet à une clause imprimée, lorsqu'il apparaît que les parties ont eu l'intention d'y
déroger* »[2]. On pourrait manifestement déduire de cette
dernière formule toute notre théorie. Un ancien arrêt de
la Cour de Paris disait très justement que « en général on
ne doit pas facilement présumer acceptées par l'assuré les
stipulations défavorables à ses intérêts qui se trouvent imprimées à l'avance dans les polices »[3]. D'autre part, « on
admet généralement qu'en cas de contradiction entre les
clauses imprimées et les clauses manuscrites, c'est à celles-
ci que l'on doit donner la préférence »[4]. *Toute notre théorie consiste à demander qu'on applique cette formule non
seulement quand il y a contradiction dans la lettre, mais
aussi quand il y a contradiction dans l'esprit de ces deux
espèces de clauses.*

Dans bien des cas particuliers, la jurisprudence a fait
une exacte application des principes que nous défendons :
par exemple dans les assurances contre les accidents, une
clause imprimée exclut généralement du bénéfice de l'assurance « les infractions à toutes les lois, arrêtés de police ou

---

(1) Cass., 1er févr. 1853, D. 53. 1. 77; — 13 juill. 1875. D. 75. 1. 173; —
17 mars 1880, S. 80. 1. 272. — Nancy, 14 mai 1906, D. 1907. 5. 49.

(2) V. Nancy précité et les renvois du Dalloz sous cet arrêt. La jurisprudence a fait souvent une application hardie de ce principe en considérant
comme quérables des primes d'assurance, qui, d'après les clauses imprimées
des polices, étaient portables. V. par exemple Cass., 21 août 1854, D. 54. 1.
366; — 31 janv. 1872, D. 73. 1. 86.

(3) Paris, 19 déc. 1849, D. 50. 2. 40.

(4) Supplément du Rép. Dalloz, v° *Assurances terrestres*, n° 107. — *Adde*,
Pardessus, *Cours de droit civil*, t. III, n° 792; — Cass., 2 juin 1851, *Journal des assureurs*, 52, 211.

règlements publics ayant pour but la sûreté des personnes ». Or les tribunaux ont jugé plus d'une fois que « s'il suffisait qu'une condamnation correctionnelle soit prononcée pour blessures par imprudence pour que l'assuré dût, par ce fait, être déchu du bénéfice de la garantie, le contrat d'assurance serait dans la plupart des cas illusoire », que par conséquent « la déchéance ne pourrait être encourue..... que si l'infraction était volontaire et d'une gravité telle qu'elle pût être assimilée à une faute lourde ou à un dol » [1].

De même, en matière d'ordres de bourse, nous voyons des décisions affirmer que « les stipulations imprimées dans une convention d'un type général, ne font pas suffisamment preuve de l'existence d'un accord de volontés permettant de considérer comme contrat direct les ordres donnés par un commissionnaire. Il en est ainsi surtout lorsque la convention présente une apparence telle que la signature du commettant a pu être obtenue sans que celui-ci se rendît compte exactement de la nature des stipulations qui y figurent, non plus que de l'importance des obligations mises à sa charge et des conséquences qui pourront en résulter, à ce point qu'il y est dit notamment que les opérations auront lieu conformément aux règles des marchés de la bourse de commerce de Paris, que le commettant a déclaré connaître, tandis qu'au contraire il les ignorait complètement » [2].

En matière de louage d'ouvrage, signalons une décision qui, tout en émanant d'une juridiction modeste, nous paraît très digne d'approbation ; nous lisons dans un jugement de la justice de paix de Mazamet : « Si la légalité des règlements d'atelier doit être admise en droit comme conséquence de l'article 1134 du Code civil, le juge peut néan-

(1) Aix, 20 févr. 1901, *Gazette des Tribunaux*, 1ᵉʳ juin 1901. *Adde*, Trib. civ. Seine, 7 nov. 1900, *Le Droit*, 19 févr. 1901.

(2) Trib. comm. de la Seine, 28 oct. 1905, *Gaz. des Trib.*, 1906, 1ᵉʳ sem., 2. 304. — V. dans le même sens la note sous la décision precitée, et aussi : Paris, 22 mars 1905, *Rec. Gaz. des Trib.*, 1905, 1ᵉʳ sem., 2. 467 ; et 3 mai 1905, *ibid.*, 1905. 2. 361. — V. il est vrai, en sens contraire, Paris, 11 et 30 nov. 1905, *ibid.*, 1905. 1. 2. 300 et 302.

moins, lorsque l'acceptation d'un règlement n'a été que tacite, *le considérer comme une suite du contrat principal*, et, partant, s'en référer à l'équité ou à l'usage, conformément à l'article 1135 du Code civil, pour statuer sur son application. Spécialement, quand un règlement prévoit une amende de beaucoup supérieure au préjudice causé, le juge a le pouvoir de ramener cette amende à un chiffre plus équitable [1].

Empruntons un dernier exemple à la matière du contrat de transport par chemin de fer : les cartes de circulation à demi-place contiennent généralement une clause aux termes de laquelle l'abonné prend l'engagement de n'exercer aucune action ni prétendre à aucune indemnité pour aucun arrêt, empêchement ou retard. Or, si certaines décisions appliquent bien à la lettre cette clause léonine [2], plusieurs autres en atténuent considérablement la portée, et cherchent à sauvegarder le public contre le piège qui lui est tendu [3]. — Un piège! dira-t-on ; le mot est fort. — Et cependant, qu'on y réfléchisse : voilà une personne qui achète à une compagnie de chemins de fer une carte d'abonnement; elle saura généralement que le contrat passé est un forfait, et il est très légitime de lui appliquer, même à son détriment, toutes les clauses du tarif qui se rattachent par un lien naturel à cette idée de forfait. Mais la compagnie ajoute dans le tarif une autre clause, en apparence accessoire, qui prive le voyageur de toute indemnité en cas de retard ou accident : cette stipulation surajoutée au contrat, et dissimulée au milieu d'autres mentions peu

---

(1) Trib. de paix Mazamet, 3 janv. 1899, *Gaz. des Trib.*, 1901, 1er sem., v° *Louage d'ouvrage*, n° 11.

(2) Trib. comm. Argentan, 20 nov. 1901, *Rec. Gaz. des Trib.*, 1902, 1er sem., 2. 292. — Trib. comm. Boulogne, 12 janv. 1904, *Gaz. des Trib.*, 26 mars 1904.

(3) Trib. comm. Seine, 18 juin 1898 et 16 sept. 1899, *La Loi*, 20 juill. 1898 et note du 22 août 1900 sous un jugement du Trib. comm. Saint-Étienne. — Justice de paix, Paris, 16 janv. 1903, *La Loi*, 19 janv. 1903. — La *Gaz. des Trib.*, dans n° du 20 août 1904, résume aussi un jugement dans le même sens. Mais elle l'attribue inexactement au Trib. comm. Tours, 18 août. Nous n'avons pas pu savoir quel est en réalité le tribunal qui a rendu ce jugement.

importantes n'est-elle pas un véritable piège tendu au public? Certes, la Compagnie peut loyalement offrir aux voyageurs des billets contenant des réductions de tarif, et stipulant en échange qu'on renonce aux indemnités possibles; mais alors il ne faut pas glisser en quelque sorte une telle combinaison à la faveur d'une autre toute différente ; les livrets et annonces publiés par la Compagnie, et les billets qu'elle délivre, devraient faire apparaître la clause en question comme essentielle : par exemple, ces billets devraient porter comme titre : « *cartes à prix réduit moyennant renoncement à toute indemnité* ». Les Compagnies ne procédant pas ainsi, nous approuvons pleinement les décisions indiquées en dernier lieu, qui cherchent à protéger les voyageurs contre les clauses déchargeant les Compagnies de toute responsabilité.

On voit par ce qui précède que la jurisprudence, sans adopter nettement notre opinion, ne lui est pas absolument défavorable : certaines décisions posent des principes dont on pourrait déduire logiquement toute notre théorie, et beaucoup d'autres l'appliquent plus ou moins inconsciemment. Puisse-t-on de plus en plus subordonner ainsi l'observation des clauses accessoires des contrats à celle des clauses essentielles; c'est ce que demandent, à notre avis, et le droit pur et l'équité.

Grâce à cette méthode, on pourrait, selon nous, résoudre les principales difficultés pratiques soulevées par l'espèce d'actes qui nous occupe, sans en faire un phénomène *sui generis* : procédé vraiment trop commode pour se tirer d'affaire. Et d'autre part, on éviterait ainsi les lois toujours plus nombreuses qui restreignent toujours davantage la liberté des conventions, en prohibant maintes clauses des contrats par adhésion : cela encore est un procédé trop commode pour se tirer d'affaire, et, à notre avis, très défectueux. La plupart des clauses que l'on prohibe ainsi n'ont en soi rien de répréhensible : le fait répréhensible, c'est de les introduire *par surprise* dans un acte juridique. Supposons qu'un commerçant offre à un employé de lui verser un salaire un peu plus fort s'il consent à n'être payé que tous les trois mois : l'employé peut raisonnablement être séduit par cette offre; le législateur a-t-il raison de le prohiber? Nous en doutons beaucoup, et à notre avis, le juge seul devrait avoir qualité pour dire dans quelle mesure et sous quelles réserves, en chaque cas particulier, la clause en question a été voulue par les deux parties et peut produire un effet juridique.

D'ailleurs un système de prohibitions multiples édictées par le législateur ne manque-t-il pas forcément son but? Vous prohibez telle clause, soit; mais sera-t-il bien difficile au patron ou à l'assureur, ou au transporteur, d'en inventer une autre que la loi n'aura pas prévue et qui lui donnera des avantages équivalents? Jamais on ne réussira à interdire un à un tous les pièges que, dans les contrats par adhésion, l'offrant peut tendre à l'adhérent. — Les règles édictées pour le protéger prohibent des conventions qui dans certains cas particuliers paraîtraient au juge respectables, et omettent de prohiber bien des conventions dont l'effet devrait être nul ou seulement restreint. Résoudre de telles questions pratiques par des lois prohibitives, autant vaudrait s'armer d'un fusil pour venir recueillir un gâteau de miel couvert de guêpes : les grains de plomb tueront peu de guêpes, mais abîmeront le miel.

La vraie solution du problème des actes par adhésion est donc, selon nous, de les considérer comme des contrats, mais en obligeant le juge à subordonner scrupuleusement l'effet de chacune de leurs clauses à la volonté *réelle* des deux parties.

Mais tel n'est pas l'avis de M. Hauriou, et nous devons, en terminant cette étude, examiner les critiques que le savant professeur nous adresse. Parlant de notre travail sur l'*Interprétation des actes juridiques privés*, où nous avions déjà exposé notre opinion : « Sait-on, dit-il, quelles « clauses l'auteur considère comme *essentielles*, et quelles « il considère comme *accessoires*?... Il faut se placer au « point de vue de l'individu faible et isolé qui traite avec « une puissante organisation ; les clauses essentielles pour « cet individu seront les plus particulières, celles qui

« règlent son cas en ce qu'il a de particulier; s'il s'agit
« d'une police d'assurance, ce [seront les stipulations ma-
« nuscrites relatives à l'évaluation de ses risques et au
« montant de sa prime; s'il s'agit de l'abonnement au
« téléphone, ce sera l'indication du montant de son abon-
« nement. Au contraire, les clauses secondaires au point
« de vue de l'abonné seront toutes les clauses générales
« imprimées dans la police d'abonnement ou dans la
« police d'assurance; elles sont tellement secondaires pour
« lui qu'il ne se donne seulement pas la peine de les
« lire. Assurément *ce sont les clauses les plus importantes*
« pour la compagnie d'assurance ou pour l'administra-
« tion, et, à considérer l'opération objectivement, ce
« sont les plus importantes pour l'opération. N'importe.
« Du moment que, dans la pensée de l'abonné, elles ont
« été secondaires, elles resteront secondaires. — Et pour-
« quoi ce renversement des valeurs réelles des choses, et
« ce véritable contre-sens? Parce que la donnée contrac-
« tuelle l'exige ».

Avant d'aller plus loin, qu'il nous soit permis de répondre à cette première partie de la critique de M. Hauriou.
Nous avons sous les yeux une police d'assurance : considérons par exemple ce qui est relatif au paiement de la prime.
Une clause manuscrite indique que l'assuré devra payer
32 francs par an. Plus loin, diverses clauses imprimées
nous apprennent que la prime est payable en quatre fractions égales, au début de chaque trimestre, qu'elle devra
être payée aux bureaux de la Compagnie, et que l'assuré
aura un délai de grâce de 15 jours. Nous avions cru jusqu'ici que, *pour la Compagnie d'assurance comme pour l'assuré*, l'important était surtout de savoir ce que ce dernier
devait payer. Doit-il débourser 32 francs, ou 50 francs, ou
100 francs? Cela nous paraissait particulièrement intéres-
sant même pour l'assureur qui doit toucher cette prime.
Par contre il nous paraissait d'un intérêt secondaire pour
les deux parties que cette somme fût payée en quatre ou
en trois fois, ou même d'un seul coup, et aussi qu'elle fût
payée aux bureaux de la Compagnie ou au domicile de l'as-

suré (d'autant plus que souvent, malgré la clause susdite, les Compagnies font toucher les primes à domicile par leurs agents). Nous voyons avec surprise que M. Hauriou exprime une opinion toute contraire. D'après lui, nous « renversons les valeurs réelles des choses ». L'assureur, paraît-il, n'attache pas grande importance au montant de la prime à toucher ; ce qui lui importe, c'est de la pouvoir toucher dans ses bureaux, en quatre fractions égales, dans les 15 premiers jours qui suivront le début de chaque trimestre.

Considérons encore la question du quantum de l'indemnité. Parmi les clauses que nous appelons essentielles, figure celle qui indique la valeur de chacun des objets assurés (valeur servant à déterminer ce qui sera dû par l'assureur en cas de perte). Nous pensions que, même pour l'assureur, il est de première importance de savoir si, le sinistre survenant, il sera obligé jusqu'à concurrence de dix mille, de vingt mille ou de cinquante mille francs ; — erreur, nous dit M. Hauriou ; ceci est secondaire, les clauses importantes pour l'assureur sont celles qui indiquent la procédure à suivre, en cas de sinistre, pour déterminer la valeur relative des objets sinistrés par rapport à celle des objets sauvés, ou encore la clause qui défend à l'assuré de majorer fictivement dans la police la valeur des objets garantis (Et cependant combien d'assureurs vous incitent d'eux-mêmes à une telle majoration pour que la prime soit par là même augmentée !)

Cette manière de voir nous a, il faut l'avouer, tellement surpris, que nous avons tenu à consulter à ce sujet des assureurs. Tous nous ont dit que, dans les polices, les clauses sur lesquelles on attire l'attention de l'assuré, c'est-à-dire les clauses manuscrites, étaient les seules importantes. Les compagnies n'admettent jamais qu'on y déroge ; au contraire elles se prévalent le moins possible des clauses imprimées, et s'efforcent de les invoquer seulement contre les assurés de mauvaise foi.

Si nous considérons le contrat de travail, même observation : l'ouvrier n'entre pas dans une usine sans demander quel sera son salaire quotidien ; mais cette question, si importante pour lui, ne l'est guère moins pour le patron. Le prix de la main-d'œuvre, nous a-t-on assuré, est une des préoccupations essentielles de l'industriel. Secondaires au contraire, même pour le patron, sont les questions dont l'ouvrier n'a eu cure lorsqu'il s'est embauché (par exemple celle du délai de préavis en cas de congé, celle du maximum de l'amende à supporter par l'ouvrier en cas d'arrivée tardive, et bien d'autres du même genre).

En somme, dans les contrats par adhésion, les clauses essentielles pour l'adhérent (qui sont généralement manuscrites ou verbales) sont aussi les plus importantes pour l'offrant. On peut dire également, nous semble-t-il, que ce sont « objectivement » les plus importantes. A vrai dire nous ne distinguons pas très nettement le sens que M. Hauriou donne à cet adverbe ; mais, quel qu'il soit, comment les clauses du contrat d'assurance ou du contrat de travail qui sont essentielles pour toutes les parties en cause ne seraient-elles « objectivement » que secondaires, tandis que celles auxquelles les parties attachent un intérêt secondaire seraient « objectivement » les principales?

Quant à nous, dans les contrats par adhésion, nous appelons *clauses essentielles* celles que l'offrant et l'adhérent, eu égard aux circonstances du contrat, ont dû considérer comme essentielles *pour les deux parties*, et celles-là seules peuvent engendrer des effets juridiques essentiels. Les autres, étant considérées par l'une au moins des parties comme accessoires, ne doivent produire que des effets accessoires : ainsi le veulent les principes de bonne foi et d'équité qui régissent la matière des actes juridiques dans le Code civil. En quoi cette théorie « renverse-t-elle les valeurs réelles des choses », en quoi renferme-t-elle un véritable contre-sens? Nous ne parvenons pas à l'apercevoir.

M. Hauriou, après nous avoir adressé la critique que nous venons de dire, reconnaît que, si l'on s'efforce d'appliquer en notre matière les principes du Code civil sur les obligations conventionelles, on est conduit logiquement à notre théorie. « A notre avis, dit-il, si l'on tire les actes d'adhésion du côté des contrats, c'est à cela qu'on aboutit. C'est une solution inacceptable. A ce compte, dans un marché de travaux publics, le cahier des clauses et conditions générales devient un élément secondaire et négligeable, et il ne reste plus que le devis et détail des prix. C'est là simplement la condamnation de la théorie ».

Qu'il nous soit permis d'en appeler de cette condamnation et de présenter les observations suivantes.

D'abord, nous avons dit que notre théorie s'applique exclusivement aux actes privés. Dans quelle mesure les marchés de travaux publics obéissent-ils aux pures règles du droit civil? C'est une question que M. Hauriou serait bien plus compétent que nous pour résoudre. Mais peut-on à bon droit reprocher à une théorie de droit privé de s'appliquer difficilement à des actes du droit administratif?

D'ailleurs, nous ferons observer que, dans les marchés de travaux publics, le cahier des clauses et conditions générales est considéré comme quelque chose d'essentiel non seulement par l'Administration, mais aussi par ceux qui traitent avec elle. Or jamais nous n'avons prétendu tenir pour accessoires des clauses auxquelles il est bien certain que les deux parties ont attaché une égale importance. Assurément nous avons dit que, dans les contrats par adhésion, les clauses accessoires sont « généralement » imprimées; mais il ne faudrait point en conclure que toute clause imprimée soit à nos yeux accessoire, même quand les deux parties l'ont regardée comme principale; l'intention des parties est le seul critérium absolu.

Enfin, nous tenons à insister sur ce que les clauses accessoires des contrats par adhésion ne sont nullement, à notre avis, « négligeables » comme nous le fait dire l'éminent professeur auquel nous tâchons de répondre. Elles doivent en principe être appliquées par le juge, mais à une condition : c'est qu'elles aient pour seul effet de préciser et de compléter les clauses essentielles et non de les transformer subrepticement en quelque chose que l'adhérent n'a pas pu prévoir. Quelle est en effet la mentalité de l'adhérent relativement à ces clauses? Il les accepte *en bloc* et sans en bien savoir généralement le détail. Cette acceptation « en bloc » est suffisante à nos yeux pour qu'elles produisent généralement un effet juridique. Seulement ce n'est qu'une sorte d'acceptation sous bénéfice d'inventaire; si l'on voit ensuite que ces clauses contiennent un piège, l'adhérent ne doit pas en être victime : ce serait contraire à sa volonté vraie, qui a été surtout de passer le contrat que semblaient déterminer les clauses à lui présentées comme principales, et ce serait contraire aussi à l'article 1134 al. 3 et à l'article 1135 du Code civil, qui contiennent cette règle, auguste entre toutes pour le juge interprète d'un contrat : le respect absolu de l'équité et de la bonne foi.

On cherche, il est vrai, à nous enfermer dans une sorte de dilemme : ou les clauses accessoires ont été entièrement acceptées par l'adhérent, et alors elles sont pleinement valables, — ou elles ne l'ont pas été, et alors, du point de vue contractuel, elles sont nulles. — Nous répondons : ces clauses ont été acceptées, mais *sous une condition tacite :* à savoir qu'elles ne contrediraient ni directement ni même indirectement les clauses principales, et qu'elles n'aboutiraient pas à les rendre pratiquement illusoires. Les contrats peuvent-ils être affectés de conditions tacites qui en limitent l'effet sans le détruire? Assurément. Cela suffit pour que le dilemme qu'on nous oppose s'écroule.

Par les observations qui précèdent on devine quelle est notre conclusion :

Certains jurisconsultes, frappés des caractères tout particuliers des contrats par adhésion, ont voulu en faire des actes unilatéraux, dont les effets, une fois l'adhésion donnée par un tiers, seraient déterminés par la seule volonté de l'offrant. Ce système nous paraît dangereux : il repose sur une notion mal définie; l'admet-on néanmoins, quiconque fait une offre au public disposera d'un véritable pouvoir réglementaire, et il y aura tant de gouvernants qu'il n'y aura plus de gouvernement possible. Si quelque jour l'État monopolise à son profit la grande industrie et le gros commerce, peut-être la théorie nouvelle deviendra-t-elle vraie ; elle ne l'est pas encore.

D'autres jurisconsultes se refusent au contraire à voir rien de nouveau dans les contrats par adhésion ; ils croient qu'on peut déterminer les effets de ces actes comme si chacune de leurs clauses avait été discutée entre les parties, et avait pu résulter d'une réelle « commune volonté ». Mais pour déterminer cette commune volonté, qui en fait n'a pas existé, ils sont obligés de recourir à des fictions, de supposer chez l'adhérent une foule d'intentions qu'il n'a probablement jamais eues, et qu'il est même parfois impossible qu'il ait eues.

A notre sens, il convient de conserver aux actes par adhésion leur caractère de « contrats ». Mais une observation exacte des faits nous conduit à distinguer dans ces contrats (et c'est là leur originalité) deux sortes de clauses : celles qui sont essentielles et sur lesquelles s'est certainement portée l'attention des deux parties lors de la convention (celles-là ne diffèrent point de n'importe quel autre espèce de pacte), — et celles qui sont accessoires, ou du moins que l'une des parties a dû considérer comme telles, et par suite n'*accepter que comme telles ;* celles-là ne peuvent que préciser ou compléter les premières ; la bonne foi interdit qu'on s'en serve pour dénaturer l'essence du contrat. Par suite, le cas échéant, le juge doit limiter leur effet suivant les exigences de l'équité, de la bonne foi, et de la *réelle* intention commune des parties. C'est ainsi seulement que, au lieu de respecter la volonté de l'offrant même quand elle ne le mérite pas, ou de faire tomber la volonté de l'adhérent dans des pièges avec des marques purement extérieures de respect, il déférera vraiment aux seules volontés dignes de créer des droits.

G. Dereux.

6ᵉ ANNEE — 1910

REVUE
DE
DROIT INTERNATIONAL PRIVÉ
ET DE
DROIT PÉNAL INTERNATIONAL

FONDÉE PAR
A. DARRAS
RÉDIGÉE PAR
A. de LAPRADELLE
PROFESSEUR AGRÉGÉ A LA FACULTÉ DE DROIT DE PARIS
ASSOCIÉ DE L'INSTITUT DE DROIT INTERNATIONAL
avec la collaboration de jurisconsultes, magistrats et professeurs, français et étrangers
Secrétaire de la rédaction : **P. GOULÉ**, Docteur en droit, ancien magistrat

Abonnement annuel

France................ **20** francs. — Étranger................... **22** fr. **50**
L'année terminée se vend..... .... **22** francs.
Les cinq années parues......................... **100** francs.

LÉON JACQUES

De quelques Considérations
sur la
" Res publica "
Européenne

1 volume in-8°................................... **4** francs net.

Le Gérant : L. LAROSE.

BAR-LE-DUC. — IMPRIMERIE CONTANT-LAGUERRE

9 782014 021530